BEI GRIN MACHT SICH IHR WISSEN BEZAHLT

- Wir veröffentlichen Ihre Hausarbeit,
  Bachelor- und Masterarbeit

- Ihr eigenes eBook und Buch -
  weltweit in allen wichtigen Shops

- Verdienen Sie an jedem Verkauf

Jetzt bei www.GRIN.com hochladen
und kostenlos publizieren

GRIN

Elisabeth von Heyking

Im Tempel zu den späten Glückseligkeiten

GRIN Verlag

Bibliografische Information der Deutschen Nationalbibliothek:

Die Deutsche Bibliothek verzeichnet diese Publikation in der Deutschen National-
bibliografie; detaillierte bibliografische Daten sind im Internet über http://dnb.d-
nb.de/ abrufbar.

Impressum:

Copyright © 2008 GRIN Verlag GmbH
Druck und Bindung: Books on Demand GmbH, Norderstedt Germany
ISBN: 978-3-640-22772-3

Dieses Buch bei GRIN:

http://www.grin.com/de/e-book/119604/im-tempel-zu-den-spaeten-glueckseligkeiten

GRIN - Your knowledge has value

Der GRIN Verlag publiziert seit 1998 wissenschaftliche Arbeiten von Studenten, Hochschullehrern und anderen Akademikern als eBook und gedrucktes Buch. Die Verlagswebsite www.grin.com ist die ideale Plattform zur Veröffentlichung von Hausarbeiten, Abschlussarbeiten, wissenschaftlichen Aufsätzen, Dissertationen und Fachbüchern.

Besuchen Sie uns im Internet:

http://www.grin.com/

http://www.facebook.com/grincom

http://www.twitter.com/grin_com

Elisabeth von Heyking

Im Tempel zu den späten Glückseligkeiten

[erstmalig erschienen 1921]

Bildnis der Verfasserin nach einem Gemälde von Fritz Rhein

Im Tempel zu den späten Glückseligkeiten

Man kannte sie auf vielen Schiffen. Überall war sie gewesen, hatte die längsten Bahnlinien befahren, die höchsten Berge bestiegen, die fernsten Länder und Meere durchkreuzt. Nirgends verweilte sie lange, obschon sie die Müdigkeit vieler Wanderjahre gleich einer schweren Gewandung nach sich schleifte. Sie gehörte zu denen, die geheime Macht immer von neuem ausscheucht und hinaustreibt in die Welt, zu den Rast- und Ruhelosen, die da ewig etwas zu suchen und nirgends ihr Ziel zu finden scheinen.

So kam sie auch einst im Frühherbst nach Peking. Und bald ritt sie dann aus der grauen, unter schwülem Dunst erstickenden Stadt hinaus zu den nahen Bergen. Dort liegen buddhistische Tempel und Klöster, wo viele europäische Bewohner Pekings die heiße Jahreszeit verbringen. Von einer Freundin geladen, die auch in einem der Tempel lebte, wollte sie diese ein paar Tage besuchen.

Durch die brütend heiße Ebene, über der die Ausdünstungen der großen Sommerregen drückend lagen, führte der Weg zu einem Dorf, das festungsartig von hohen Mauern umgeben war. Alles atmete da Verfall, doch aus dem Verkommenden erwuchs Neues in uralter, gleichtöniger Wiederholung. Aus dem morschen, berstenden Gemäuer drängten sich Buschwerk und blühende Gräser zum

Leben hervor ans Licht; in dem Unrat am Boden wühlten kleine schwarze Ferkel, pickten und scharrten Enten und Hühner, Nahrung suchend. Die Reisende ritt durch die morastige Dorfstraße, begegnete buddhistischen Mönchen mit glattrasierten Schädeln und alten Männern, die ihre Lieblingsvögel in kleinen Käfigen mit sich spazieren trugen. Drollige Kindergestalten, auf deren Köpfen die noch kurzen Haare zu mehreren starr abstehenden Zöpfchen geflochten waren, umstanden einen alten, blinden, fahrenden Sänger; mit mageren, gelben Fingern griff er in die Saiten einer Gitarre; schrill zirpende Töne begleiteten sein einförmig klagendes Lied.

»Auch ein Wanderer auf der weiten Welt«, dachte wehmütig die Vielgereiste, die ihr Pferd angehalten und dem seltsamen Sang ein Weilchen gelauscht hatte. Dann warf sie dem Alten eine Münze zu, ritt weiter zum Tore hinaus und schlug den Pfad ein, auf dem der Mafu, der chinesische Reitknecht, schon voraustrabte.

Seitwärts von der Landstraße abbiegend, führte er sie zwischen Feldern hohen Kauliangs den Bergen zu. Die Töne der Gitarre waren verhallt in der Ferne. Es ward still um die Reiterin her. Unter hohen alten Bäumen standen graue Steinstelen am Wegesrand; Reihen kleiner verwitterter Pagoden, von Unkraut überwuchert, bezeichneten die Gräber früherer Mönche. Heiliger Boden war es.

Von den Bergen herab kam ein kleiner Quell der Wanderin bewillkommend entgegengerieselt, und wo er in die Erde gesickert, war sie grün geworden von zarten Farren und bunt von zahllosen wilden Blumen.

Nun erblickte die Reisende die unteren Umfriedungsmauern des weiten Tempelgebietes. Dahinter, zwischen dunkeln Baumkronen, funkelten goldgelb, saphirblau und malachitgrün die Kacheldächer der Türme und Hallen, der Tore und Klöster. Höher und höher ansteigend, erhoben sie sich längs des dichtbewaldeten Abhangs, leiteten den Blick hinauf zu des Berges Spitze. Dort thronte, einer Perlenkrone gleich, eine schneeweiße Pagode, schimmernd gegen den türkisfarbenen Himmel.

Eines Zauberers Gaukelspiel dünkte dies Bild die fremde Frau, nach der langen Reise, dem Lärm der Stadt, der Hitze der Ebene.

Wonniglich still war es.

Der Mafu war abgestiegen, hatte die Zügel seines Pferdes um den Hals einer der riesigen Steinschildkröten geschlungen, die unter knorrigen Bäumen zu beiden Seiten des Eingangstores seit Jahrhunderten Wache stehen. Nun half er der Reisenden, die sich aus dem Sattel herabgleiten ließ.

Da kam ihr auch schon die Freundin aus dem Tempelgelände entgegen. »Sei mir willkommen im Tempel zu den späten Glückseligkeiten«, sprach sie mit leiser, süßer Stimme. Und dann schauten die beiden sich einen Augenblick fragend an, wie es Menschen tun, die sich lang nicht gesehen und nun unsicher sind, wie sie sich wiederfinden, und ob sie dieselben geblieben. Doch als ganz die gleiche, die sie vor Jahren gekannt, erschien der Tempelbewohnerin die Vielgereiste mit den düster umschatteten Augen, den starren tragischen Zügen, aus denen ihr Alter schwer zu bestimmen gewesen wäre. Verändert dagegen war die Tempelbewohnerin selbst: Witwenschleier umhüllte sie, wehe Trauer sprach aus ihrem sanften, stillen Antlitz.

Die hohe Treppe zu den oberen Tempelbauten schritten die beiden Frauen nun hinan. Auf der obersten Stufe blieb die Weltenwanderin stehen, lehnte an der bemoosten Steinbrüstung und schaute hinein in das sie umgebende Gewirr von Zweigen. Auf tief grünem Grunde leuchteten die ersten herbstlich gefärbten Blätter gleich Bernstein und Kupfer. Am weitausgeschweiften Kacheldache eines verwitterten Turmes tönten leis im Winde die kleinen Pagodenglöckchen: »tingting, tingting.«

»Märchenluft weht hier«, sagte die Fremde, und von dem Dache her, wo sie zwischen den zerbröckelnden Kacheln unter allerhand

5

Gerank ihre Nester erbaut hatten, antworteten ihr girrend die wilden Tauben: »rukuru, rukuru.«

An einer dunkeln Felsengrotte vorbei leitete sie nun die Gastgeberin. Aus der geheimnisvollen Tiefe tauchten die ungeheuerlichen Umrisse eines Götzenbildes auf: einen feisten, grinsenden Alten stellte es dar, der mit quellendem Bauch auf berstenden Säcken thronte. »Der Gott des Reichtums«, erklärte die Führende.

Herb lächelnd meinte die Vielgereiste: »Wer den gleich zu Anfang als erste Gottheit kürt, erspart sich wohl manchen Umweg.«

»Vielleicht«, antwortete drauf die Witwe, »ist er hier nur deshalb gleich als erster aufgestellt, weil erst durch ihn die nötige Muße für so manches Höhere zu erlangen ist; - eine schönste Gabe, dünkt mich, genügendes Freisein von materieller Sorge, um ganz im Erinnern leben zu dürfen.«

»Oder um vor ihm fliehen zu können«, sagte die andere.

Zwischen rauschenden Baumeswipfeln stiegen sie aufwärts zu den Tempelhallen. Die einen enthielten in tausendfacher Wiederholung ein und dieselbe kleine Buddhafigur; in anderen waren die Qualen der Hölle mit chinesischer Erfindungsgabe fratzenhaft dargestellt. Dazwischen lagen stille Klosterhöfe. Weißstämmige Baumriesen erhoben sich da gespenstisch, reckten ihre Äste weit aus, wie Glieder bleicher Knochengeripppe; die mächtigen Wurzeln wanden sich durch die Pflasterung, hatten die Fliesen gehoben, traten dazwischen hervor wie geblähte Leiber von Pythonen. Und bemooste Steinstelen standen im Schatten der Bäume, neben uralten Opfergeräten, deren dunkle Bronze Patina mit fahlgrünen Flecken bezog. - Umgeben waren die Höfe von niederen, einstöckigen Häuserreihen, die sich unter ihren hohen grauen Dächern zu ducken schienen. Sie enthielten die Mönchsklausen.

»Und wo wohnst du?« fragte die Fremde.

»Immer in demselben obersten Klosterhof, den er bei unserer Heirat von dem Abte gemietet hatte«, antwortete die Freundin. »Trotz der Statue nämlich, die dem Gott des Reichtums hier errichtet worden, hat er das Kloster verarmen lassen, und so schicken sich die Mönche darein, auch weiter das Geld einer Fremden anzunehmen, und haben mir gestattet zu bleiben. - Hier kommen wir in mein Wohnzimmer,« sagte sie dann, indem sie die hohen Türen einer großen Halle öffnete.

Es war ein weiter, dämmeriger Raum. Die Decke, mit Drachen verziert und von Querbalken durchzogen, auf mächtigen roten Säulen ruhend. Die Wände bemalt mit phantastischen Gebilden, spukhaft im Zwielicht, altersgebleicht, die Umrisse verschwimmend. Davor, und aus erhöhter Estrade weit in den Saal springend, alles überragend und jetzt, durch die geöffnete Tür, allein von Sonnenlicht überflutet: eine ungeheuerliche Gestalt - Ein meergrün bemalter chinesischer Krieger in Helm und Rüstung. Rollend die Augen, breitaufgerissen das Maul. Tiefe Furchen im verzerrten Antlitz. In der einen erhobenen Hand ein langes Schwert. Weitausholend zückte er es gegen eine riesige Fledermaus, die, von der Wand in hohem Relief abstehend, auf ihn zuzufliegen schien. Lang verhaltener Schmerz und Grimm, die sich endlich gegen einen Tiefgehaßten austoben dürfen - das der Ausdruck der ganzen Gestalt

»Man glaubt ihn vor böser Freude über sein Vernichtungswerk brüllen zu hören,« sagte die Fremde und setzte dann hinzu: »Auf meinen Reisen habe ich manch seltsame Behausung gesehen, in der es weißen Menschen gelungen war, sich heimisch einzurichten, aber ein absonderlicheres Gemach als dieses besitzt wohl keine europäische Frau.«

Sie hatten sich in niedere Rohrsessel gesetzt, und während ein chinesischer Diener den Tee brachte, lautlos auf dicken Filzsohlen schreitend, erzählte die Wirtin: »Es war sehr schwer, in diese Halle zu dringen, denn sie gehört zu den eigentlichen Tempelräumen, und bei unserer Abmachung mit den Mönchen waren nur einige ihrer Zellen erwähnt worden. Aber nachdem wir dann zufällig hier einmal eingetreten waren, lockte gerade diese Halle ihn so sehr, daß ich mir vornahm, sie irgendwie für ihn zu erobern. Zuerst stahl ich mich ganz schüchtern herein, brachte den Götzen Blumen, stellte Vasen vor ihnen auf; und die Mönche ließen mich gewähren, sahen vielleicht eine angehende Konvertitin in mir. Täglich schmuggelte ich dann neue Dinge, deren man zum Leben bedarf, hier ein. Und so erwarb ich uns allmählich das stillschweigend anerkannte Recht, in dieser Halle die Tage zu verbringen.«

Es sah wirklich wohnlich aus in dem merkwürdigen Saale: Wandschirme, auf deren Goldgrund Drachen und Phönixe spielten, teilten ihn ab in behagliche Ecken; Liegestühle mit bunten weichen Kissen luden zu ruhigem Verweilen; und bequem zur Hand lagen auf Tischen viele Bücher und die neuesten, freilich recht alten Zeitungen westlicher Welt. Alles aber beherrschte, dräuend und furchtbar, der unheimliche fahlgrüne Krieger Wie Weihgaben, ihn zu besänftigen, standen vor ihm in Bronzebecken bizarr verschnörkelte Pinienäste, Zweige feurig-roter Herbstblätter; und auf verblaßtem Teppich zu seinen Füßen saßen zwei seidenhaarige Pekinger Hunde, fett und kurzatmig, mit plattgedrückten schwarzen Nasen und runden vorquellenden Augen - selbst feierlich fetischhaft, selbst Götzen gleich.

9

Die Blicke der Reisenden glitten über all das seltsam Fremde hin, aber dann blieben sie plötzlich wie gebannt an einem Punkte haften: auf dem Schreibtisch der Freundin ein Männerbildnis. Die Witwe bemerkte den Blick, und, als ob jene gefragt - die doch nicht zu fragen brauchte - antwortete sie wehmütig nickend: »Ja - - er. - Und sie fühlte, daß Persönlichstes, alles wovon die andere nur aus ihren flüchtigen Briefen wußte, doch einmal berührt werden mußte - so bitter weh es auch immer noch tat. Viel war ja geschehen, seitdem sie sich vor Jahren zuletzt gesehen - Auch in China war das gewesen, in einer kleinen Küstenstadt, wo sie selbst damals bei Landsleuten eine Stellung bekleidete. Da war die Freundin, auf einer ihrer Weltreisen, damals aufgetaucht - aber nur um nach kurzem Verweilen ganz plötzlich, beinah fluchtartig, wieder zu entschwinden. - Jetzt erinnerte sie sie daran, und die Wanderin nickte wie im Traume, den Blick immer noch auf das Bildnis gewandt. - Des Tages, an dem die Freundin damals abgereist war, entsann sich die Tempelbewohnerin, trotz der Jahre, noch ganz genau, denn es war ja zugleich der eine unvergeßliche Tag des Lebens, an dem Jener, um den sie heute Trauer trug, in ihr Dasein getreten war Von einer Forschungsfahrt ins Innere zurückkehrend, traf er damals in der kleinen chinesischen Hafenstadt ein, und bei ihren Landsleuten, mit denen er befreundet gewesen, hatte sie ihn damals gleich kennen gelernt. Und sobald sie ihn erblickt, hatte sie gewußt: für diesen Augenblick ward ich einst geboren, auf ihn hab' ich unbewußt mein ganzes bisheriges Leben lang gewartet. »Anfänglich tat es mir leid, daß er dich, wegen deiner raschen Abreise, damals nicht mehr gesehen,« sagte sie jetzt zur Freundin, »aber«, und ihre Stimme ward leiser, »nachher … weißt du … da war es mir sogar lieb: denn wie hätte er, oder irgend jemand, mich wohl neben dir beachten sollen? Und das erleben zu müssen … und gerade durch dich … ich hätt' es nicht ertragen.«

Bleich, wie aus Stein gemeißelt, hatte die Fremde gelauscht, und nun sagte sie mit seltsam gezwungenem Lächeln: »Das, Liebste, war wohl ein recht überflüssig Sorgen. Nach allem, was ich von ihm … erfahren, war er doch jemand, der rasch und genau erkannte, wessen Art zu ihm taugte. Hat es ja auch bewiesen, da er dich sofort gewählt. - Aber nun«, bat sie begierig, »erzähl' mir weiter«

Und mit leisen Worten berichtete die Trauernde, wie er und sie, beide einsam, beide nicht mehr jung, sich dann in dem fremden Lande schnell näher getreten waren und wie sie vereint ein spätes Glück gefunden hatten. Aber nur wenige Jahre des Zusammenseins wurden ihnen beschieden. Dann war er gestorben. Doch sie hatte sich nicht von dem Orte trennen können, der die hohe Zeit ihres Lebens gesehen, führte hier seitdem ein stilles, weltvergessendes Dasein. »In diesem Tempel,« sagte sie, »wo ich das Glück gekannt, habe ich, nachdem ich es verloren, wenigstens seine bescheidene Schwester, die Ruhe, gefunden.« - Doch dann, als habe sie zu viel von sich selbst geredet, frug sie nun ihrerseits voll warmer Anteilnahme: »Aber du selbst? Wie ist es dir ergangen, seit du damals gar so plötzlich weiter fuhrst? Ich weiß eigentlich so wenig nur von dir.«

Der andern Antlitz verdüsterte sich. Tragischer noch die Züge. Finstrer starrend die Augen. Und ausweichend antwortete sie: »Von mir? Was soll da viel zu wissen sein. Immer dasselbe: Reisen, Reisen.«

Es war kühler geworden. Abendwind wehte. Die beiden Frauen traten hinaus auf die Galerie vor der Halle. Von da sah man über die Baumeswipfel und die bunten Dächer der niedriger gelegenen Tempelbauten hinweg und hinab auf die weite Ebene tief unten. Am fernen Horizonte standen grau und verschwommen die Umrisse der Pekinger Mauern und Türme. Man sah sie nicht deutlich; es war mehr ein Ahnen, daß dort eine große Stadt mit ihren vielen Leiden liegen müsse.

Ein seltsam weltentrücktes Empfinden überkam die Fremde, und in der Stille hörte sie wieder der wilden Tauben Girren: »rukuru, rukuru.« Sie lehnte sich über die Brüstung und lauschte ihnen; dann

12

sagte sie leise: »Mir ist, als riefen sie mir zu: ›ruhe du, ruh, ruhe auch du.‹ Ach, wenn ich es doch könnte« -

Es war dann aber, als solle die Rastlose doch in dem Tempel etwas Ruhe finden. Sie blieb länger, als sie zuerst gedacht, und teilte der Trauernden träumerisch einsames Leben. Stundenlang saßen sie an dem kleinen Teiche, den der Gebirgsquell bildete; federnde Bambuszweige hingen darüber; große Goldfische mit seltsam gezackten Flossen lagen träge im Wasser, starrten zu ihnen aus glasigen Glotzaugen auf. Zusammen stiegen sie empor zur weißen Pagode, erblickten von dort oben Reihen auf Reihen langgestreckter Gebirgszüge, die, Wellenlinien gleich, in die Unendlichkeit zu fluten schienen. Zusammen auch standen sie in der heiligsten der Hallen, wo die drei Buddhas, der Vergangenheit, Gegenwart und Zukunft, thronen, ganz gleich, ein und dasselbe alle drei. Und zu ihnen aufschwellend das Murmeln der Mönche, uralte Gebetsworte in eintöniger Wiederholung, wie das einschläfernde Vorbeirauschen eines Stromes. Ein Ahnen der Bedeutungslosigkeit aller Erscheinungsformen - weil nie endgültig - stieg von dem allen auf, lag über dem ganzen Tempelgelände wie geistige Atmosphäre gebreitet. Pflanzen, Tiere, Berge oder auch Menschen mit ihren Leiden und Freuden, was waren sie denn mehr als solch ein Wort, das der Priester spricht, das eine Sekunde tönt und alsobald verhallt. Scheinbar, als sei es nie gewesen. Und doch - vielleicht - wie alles übrige, wie Kleinstes und Größtes, wie jede Schuld und alle Sühne, auch Teil eines ungeheuren, noch unbegriffenen Planes, auch Ergebnis eines unabänderlichen Gesetzeswalten, vor dem es kein Entrinnen, nur stilles Sichfügen, Sichwandelnlassen gibt. - Wer vermochte es zu sagen -

Eine Wirkung aber hatte solch Oftgedachtes, das in der Luft des Ortes zu schweben schien: Unrast sacht einwiegend, Auflehnung sanft betäubend, Schmerz unmerklich mildernd - so umwob die Fremde leise des Ostens geheimnisvoller Zauber. Und es freute sich dessen die Tempelbewohnerin, hielt die Gehetzte schon für erlöst von langem, schwerem Banne.

Doch dann plötzlich ward jene von neuer Ruhelosigkeit erfaßt. Es war, als wolle sie bleiben und würde doch von unversöhnlicher Macht weitergejagt. Die Bitten der Freundin nützten nicht, schienen sie nur zu schmerzen.

So war der letzte Tag, den die Reisende verweilen wollte, gekommen. Noch einmal hatten die beiden Frauen zusammen die heiligen Haine durchstreift. Nun waren sie zurückgekehrt, mit Herbstblumen und roten Ranken beladen. In der Halle ordnete die Tempelbewohnerin die großen Sträuße. Die Weitgewanderte lehnte müde in einem Sessel und schaute zu, wie die Freundin die schönsten der Blumen in einer hohen Vase vor den grimmigen Krieger mit der Fledermaus stellte.

»Unter all dem Spuk scheinst du diesen zu bevorzugen,« sagte die Reisende, »und er schaut doch so grausam drein und vergeudet so viel Kraft gegen eine arme Fledermaus.«

»Er tut mir immer so leid«, sagte die Freundin.

»So leid?« wiederholte staunend die Fremde, »ja, hat denn das seltsame Bildwerk einen verborgenen Sinn? Ich wollte dich längst schon danach fragen. Heut an meinem letzten Abend bei dir mußt du mir davon erzählen.«

Die Tempelbewohnerin antwortete: »Der Krieger ist der Held einer chinesischen Sage, die mir immer recht traurig und eigentlich unbegreiflich erschienen ist. Nach ihr soll dieser Tempel wahrscheinlich seinen Namen ›zu den späten Glückseligkeiten‹ erhalten haben. Der Krieger, so ward mir erzählt, zog aus und kämpfte sein ganzes Lebenlang, um das Glück zu gewinnen, aber er konnte es nie finden. Da endlich, nach langer, langer Zeit kam es zu ihm geflogen in Gestalt einer Fledermaus, die ja das chinesische Glückssymbol ist. Aber allzu grausame Wunden trug er vom Leben - zu spät war das Glück gekommen - Darob geriet der Krieger in so große Wut, daß er ein letztes Mal sein Schwert zog und die

Fledermaus tötete. - - Nicht wahr, das klingt doch recht unverständlich?«

»Das finde ich nicht,« antwortete die Fremde mit seltsam gequältem Ausdruck, »denn es kann doch geschehen, daß das Glück wirklich zu spät kommt.«

»Aber auch kurzes Glück ist doch nicht zu spätes«, entgegnete die Verwitwete. »Mir will scheinen, wann immer es zu uns käme, ob wir es am Morgen des Lebens in der Heimat fänden, ob es uns abends in der Fremde begegnete, und wenn wir es auch nur eine einzige kurze Stunde besitzen könnten - immer doch würden wir ihm in Dankbarkeit die Hände entgegenstrecken und es willkommen heißen.«

Die Trauernde schwieg. Aus einer fernen Tempelhalle erschollen dumpf die ersten gleichmäßigen Schläge der großen Tempelglocke, die Stunde des Abendkultes kündend.

Aber die Frau mit den tragischen Zügen starrte aus düster umschatteten Augen in die Ferne und leise wiederholte sie: »Dem Glück in Dankbarkeit die Hände entgegenstrecken und es willkommen heißen? ... Ach, wie hab' ich mich einst gesehnt, das auch einmal zu tun ... Aber dann ... dann ... ja, wie konnte es nur geschehen, daß ich es nicht mehr durfte? Wie war es denn möglich?«

16

Laut hinhallend dröhnte jetzt die Tempelglocke, und es klang wie Klage und Anklage vereint. Einer Seherin gleich, vor der eine Vision aufsteigt, beugte die fremde Frau sich vor, ins Leere blickend. Und langsam begann sie zu sprechen, suchend, als besänne sie sich erst allmählich auf eine alte Mär, als sei die ganze Welt um sie her versunken, und sie rede allein zu sich selbst.

»Geschmückt hatt' ich mein kleines Haus mit vielen Frühlingszweigen, geschmückt mich selbst mit Blumen im Haar. Das Herz voll Hoffnung und Zuversicht, so harrte ich froh auf den Gast, der mir der sicherste dünkte: das Glück. Und niemand sollte drum Leides geschehen, so fröhlich wie ich wollt' ich gern jeden sehen. Denn ich wähnte, die Welt gliche dem Blumenfeld, drauf Blüten für alle sprießen. Doch während ich so nach dem Glück ausschaute und ihm im Herzen manch' Ehrenpforte erbaute, da kam in das Haus ein ganz anderer Gast geschlichen. Es war der Neid, der sich an mich stahl, nicht weil ich Glück schon errungen, nur weil ich so froh ihm entgegen gesungen. Dann sah ich staunend, wie Gast auf Gast in grauer Reihe folgte. Mit bittrem Lächeln um den herben Mund eröffnet den Zug eine Alte: die Enttäuschung wurde sie genannt, und wo ihr Blick eine Blume traf, erblichen alle Farben. Dann kam der nagende Kummer mit langem Zahn, das Warten und der täuschende Wahn. Daneben eine schlotternd magere Frau, umgeben von weinenden Kindern: die Sorge war es mit ihrer Brut, den zahllosen, schlaflosen Nächten. Oh, wie mich die gepeinigt haben Wie mich alle mit Grauen erfüllten - Aber im Herzen wohnte ja noch die Sehnsucht, die große, und sie sang vom Glück, das sicher bald zu mir käme. - Doch statt des Glücks kroch eine Schlange heran, die giftzüngige Verleumdung. Eine Schar scheußlicher Zwerge führte sie an, die Lügen, die schossen auf mich mit spitzigen Pfeilen. Wie ich da verwundet zusammensank und schluchzend zum Glücke flehte: ›eil' dich, eil' dich und laß mich nicht elend verschmachten‹ - da nahte sich mir der Ungeheuer schlimmstes: es war die Schuld, der Menschheit urältester Schatten.

Was keinem gelungen, das vermochte die Schuld: sie warf mich geknechtet zu Boden. Und unter ihrem eisernen Griff erstarb die Sehnsucht, die große, die bis dahin auf Schwingen mich getragen. - Als erst die Schuld im Haus gewohnt, folgten ihr zwei emsig webende Spinnen; die spannen Netze so dicht und so grau, daß sie mein ganzes Leben bedeckten. Die Spinnen waren beide Töchter der Schuld: Vereinsamung hießen sie und Verurteiltsein.

Wie lang die Zeit währte, die also verstrich - ich weiß es nicht mehr, denn das tagezählende Hoffen war in mir erloschen. - Da plötzlich eines Morgens pocht' es laut bei mir an; das Tor sprang auf an rostigen Angeln; die düstern Gäste entflohen. Das ganze Haus von Glanz durchstrahlt und inmitten des Scheins eine lichte Gestalt Sie

18

hielt die Hand mir entgegen und sprach mit jauchzender Stimme: ›Ich bin das Glück, das deine Sehnsucht rief, ich komme, dich mit mir zu führen.‹

Ich aber schaute das Glück mit leeren Augen an.

Seine Worte hatten keinen Sinn mehr für mich. Sie klangen wie Hohn in meinem Jammer. ›Heb' dich hinweg,‹ schrie ich auf, ›du kommst zu spät - nicht rein mehr sind meine Hände.‹ - Wie der sagenhafte Krieger dort wollt' ich den säumigen Gast verscheuchen, als ob ich ihn haßte - und im tiefsten Herzen hoffte ich doch -ach wie sehr -, daß er trotz allem nicht von mir lassen würde.

Und wirklich - einen Augenblick blieb er zaudernd stehen: Sollte sich Sehnsucht doch noch erfüllen? Schon wollt' ich ihm weinend zu Füßen stürzen - da wandt' er sich ab.

Das Glück floh mich für immer.«

Die Fremde schwieg. Lautlos still war es in der dämmrigen Halle. Die ferne Tempelglocke war verstummt. Draußen rührte sich kein Blatt an der Bäume Wipfel, die Pagodenglöckchen hingen unbeweglich, die wilden Tauben gurrten nicht mehr.

Doch durch das tiefe Schweigen klang nun die Stimme der anderen Frau: »Wie ist das nur möglich? Ich kann es nicht fassen, daß je einer von dir zu gehen vermochte, der gefühlt, daß du sein Bleiben ersehntest. Wer war es? Willst du's mir nicht anvertrauen?«

Der Fragenden im Zwielicht verborgen, ging da plötzlich ein Zucken über die Züge der Fremden, und in ihren Augen lohte es unheimlich auf. Doch wie rasch ersticktes Züngeln drohenden Brandes versank alsobald die gefährliche Flamme. Mit erloschenem Blick hinstarrend, wo das Bildnis auf dem Schreibtisch der Freundin im zunehmenden Dunkel jetzt mehr und mehr verschwamm, sagte sie tonlos: »Wozu Schatten der Vergangenheit Namen geben. Es war einer, der sich selbst kannte und wohl wußte, daß ihm die Märtyrerkrone zu schwer geworden wäre, die zu tragen bereit sein muß, wer, sich erbarmend, andere von ihrer Schuld erlösen will. Nach eigenem Glück, still, kampflos und klar, strebte er - und hat es dann auch gefunden bei einer, die ihm gerade das zu schenken vermochte.«

Wieder das tiefe Schweigen, beklemmend schier in der nun völligen Dunkelheit. Dann noch einmal, aus der tiefen Finsternis kommend, die müde Stimme der Unseligen. Wie ein Tasten auf qualvollem Wege: »Damals hat mich die große Rastlosigkeit erfaßt. In meinem Hause duldete es mich nicht mehr. Ich schloß es ab. Wandre seither unstet über die Erde, einsame Wege. Seh' überall Leere. Nur manchmal auf langen Meeresfahrten, wenn nachts die Wogen gegen

das Schiff schlagen, und ich mich über die Brüstung lehne, glaub'
ich aus der schaurigen Tiefe ein Antlitz mit ewig geöffneten,
liderlosen Augen zu mir aufschauen zu sehen: es ist die
Verzweiflung. Doch auch sie fürchte ich nicht mehr. Ich harre ja nur
noch des letzten aller Gäste, des Gastes, für den wir nicht zu Haus
zu bleiben brauchen, der uns, wo immer wir auch seien auf der
weiten Welt, finden wird zu seiner Stunde.«